कूड़ेवाला

रचना खट्टर

notionpress.com

INDIA · SINGAPORE · MALAYSIA

Copyright © Rachna Khattar 2023
All Rights Reserved.

ISBN 979-8-89133-707-7

कूड़ेवाला

लिखित एवं सचित्र

रचना खट्टर

फूलचन्द था एक कूड़ेवाला, काम करता था वो सयाना।

सुबह सुबह आने की करता तैयारी।

जब सारी दुनिया होती नींद में गहरी।

चाय नाश्ता हो सब बाद
पहले केवल सफाई की बात।

रोज सुबह जब दस्तक देता।

हाथ जोड़कर वन्दना करता।

सबका रखता था वह मान।

बच्चा बूढ़ा एक समान।

गीला सूखा कूड़ा रखता सदा अलग
ताकी हो सके रीसाइक्लिंग का लाभ।

कोई नम्रता से बुलाता भईया
कोई फूलचन्द या फिर कूड़ेवाले।

कोई भूल जाते सम्मान की बात
बुलाते ऐसे जैसे, उसका ना कोई नाम,ना कोई मान।

फूलचन्द बस रहता मुस्कुराता मन में सोचता था एक बात

पढ़ने लिखने में था कमजोर इसलिए नहीं कोई मोल।

पर मानो या ना मानो, यह दिल की बात
अगर कूड़ा रहे फैला, तो क्या होगा हमारा दिन सुहाना।

महीने के हर घर देता रूपये कम । लोग अक्सर कह देतें
"कूड़ा ही तो उठाना है" इसमें कौन सी इतनी बड़ी बात।

कल आना कहकर टाल देतें
कभी दे देते, कभी वापिस भेज देते।

बोलने करने में होता है फ़र्क
स्वच्छता का नारा है, परन्तु काम नहीं करना है।

दुखी हो उसका मन मुरझा सा गया
पढ़ी लिखी दुनिया के आगे हार सा गया।

कूड़ा बढ़ता गया ढेरों ढेर, बदबू फैली चारों ओर ।

दवा–परेशानी का जब चुकाया बढ़ा दाम
तब सब समझे फूलचन्द का मान।

हर दिल ने मानी यह बात
हर जान का हो मान, बड़ा छोटा एक समान।

आया दिन जब खास
अन्तर्राष्ट्रीय
श्रमिक
1 MAY
दिवस
Labour's Day @1st May

सभी ने सम्मान सहित किया फूलचन्द को नमन
और सुनाई दी एक आवाज बुलन्द
''स्वच्छता का नारा है, हम सबको निभाना है।

फूलचन्द सदा करते रहे अपना काम
ना हो कूड़ेवाला तो क्या होगा हमारा दिन सुहाना।

www.ingramcontent.com/pod-product-compliance
Lightning Source LLC
Chambersburg PA
CBHW041633110726
48005CB00002B/589